Comment nos ancêtres expliquaient-ils les rêves ?
pages **12-13**

Les animaux rêvent-ils ?
pages **14-15**

Rêvons-nous toute la nuit ?
pages **16-17**

Cela se voit-il quand je rêve ?
pages **22-23**

Est-ce que je rêvais quand j'étais bébé ?
pages **24-25**

Un bruit dans la maison peut-il provoquer mon rêve ?
pages **32-33**

Dois-je confier mes rêves ?
pages **34-35**

Un rêve peut-il se dessiner ?
pages **36-37**

À Juan, mon plus joli rêve.
A. D.

Suivi éditorial : Amélie Pont
Correction et réécriture : Karine Forest
Mise en pages : Pascale Darrigrand
Conception graphique : Emma Rigaudeau

www.editionsmilan.com

ISBN : 978-2-7459-5846-4 – Dépôt légal : 3e trimestre 2012 – Imprimé en Italie

les rêves

Textes d'**Astrid Dumontet**
Illustrations de **Violaine Leroy**

MILAN

Qu'est-ce qu'un rêve ?

La nuit, quand nous dormons, de drôles d'histoires se forment dans nos têtes : ce sont les rêves. Car si notre corps se repose, notre cerveau, lui, continue de travailler !

Pendant le sommeil, plusieurs fois par nuit, notre **cerveau** se met en marche et son activité est alors aussi forte que lorsque nous sommes éveillés. C'est dans ces moments-là qu'il fabrique les rêves.

Léa rêve qu'elle est au zoo…
Les images envoyées par son cerveau défilent derrière ses paupières fermées, et il y a même le son ! Les rêves sont comme des petits **films**, avec un décor et des personnages.

Dans son rêve, Léa se sent très inquiète lorsqu'elle découvre que le lion s'est échappé de sa cage. L'histoire que nous vivons en rêve nous fait ressentir toutes sortes d'**émotions** intenses : colère, joie, peur…

Pourquoi les rêves sont-ils souvent bizarres ?

Le monde des rêves est étrange car il ne respecte pas les règles du monde réel : en un éclair, on peut voyager du présent au passé, d'un lieu à un autre, ou même rencontrer le héros de son film préféré… En rêve, tout est possible !

Peut-on rêver éveillé ?

On peut rêver tout en étant réveillé mais, dans ce cas, il ne s'agit pas du rêve nocturne (celui qui a lieu la nuit et qui nous intéresse dans ce livre).
En fait, le mot « rêver » désigne plusieurs choses.

Les rêves que l'on fait éveillé sont des « **rêveries** ». Ce sont ces moments où on laisse aller son imagination et ses pensées, en ne faisant plus attention à ce qui nous entoure (pas même à la leçon de la maîtresse !).

Arthur rêve de devenir pilote d'avion quand il sera grand. Ici, « rêver » veut dire : **souhaiter** quelque chose de tout son cœur. Un jour peut-être, Arthur réalisera son rêve. Et toi, as-tu un rêve qui te donne beaucoup d'espoir ?

À cause du côté imaginaire et fou des rêves, le mot « rêver » s'utilise aussi quand on n'est pas sûr que ce qu'on voit est bien **réel** (« Pince-moi, je rêve ! »).

Que racontent nos rêves ?

Les rêves utilisent les choses qu'on a vécues et vues pour construire des histoires qui parlent de nous, qui racontent nos joies et nos inquiétudes.

Les histoires de nos rêves **se forment** à partir d'événements vécus pendant le jour précédent : on peut revoir en rêve une personne rencontrée dans la journée, un lieu où on a été, un objet particulier.

Il arrive qu'on rêve d'un **événement à venir.** Comme Hadrien qui doit partir en colonie de vacances et, la veille, rêve qu'il oublie sa valise au moment du départ ! Hadrien a un peu peur de la séparation avec ses parents, ce qui a sans doute provoqué ce rêve désagréable.

Il y a les rêves très **personnels** et ceux que beaucoup de gens font.
Par exemple : voler comme un oiseau, être poursuivi, se retrouver tout nu au milieu de plein de monde...
As-tu déjà fait un de ces rêves ?

Peut-on contrôler ses rêves ?

**On ne décide pas quand on rêve ni de quoi. Impossible malheureusement de choisir comment se finit son rêve !
Dans de très rares cas cependant, le rêveur sait qu'il est en train de rêver (on appelle cela « le rêve lucide »).**

Comment nos ancêtres expliquaient-ils les rêves ?

Depuis toujours, les hommes sont intrigués par les rêves et se demandent d'où ils viennent. Au cours de l'histoire, leur connaissance des rêves a beaucoup évolué.

Pendant l'Antiquité, on croit que les rêves sont des **messages des dieux.** Grâce aux rêves, ils disent aux hommes ce qu'ils doivent faire ou annoncent l'avenir. Voilà pourquoi on accorde beaucoup d'importance aux rêves.

Au Moyen Âge, on commence aussi à avoir **peur** des rêves : on dit que certains viennent du diable. Pendant des centaines d'années, on va se méfier des rêves, à tel point qu'on interdit même de les étudier.

Aujourd'hui, on sait que les rêves proviennent de notre propre cerveau grâce à deux sciences : l'**onirologie**, qui étudie les rêves eux-mêmes, et la **neurobiologie**, qui réalise des recherches sur le fonctionnement du cerveau pendant le sommeil.

Les animaux rêvent-ils ?

Nous les humains, nous pouvons raconter nos rêves. Pas les animaux, malheureusement ! Pour savoir s'ils rêvent, les chercheurs ont trouvé une solution : étudier leur sommeil.

On pense que les animaux qui ont le même sommeil que nous (le **sommeil paradoxal** pendant lequel les rêves se forment) rêvent aussi. C'est grâce à cette idée qu'on peut dire quels animaux rêvent ou pas.

Les reptiles (serpents, tortues, etc.), les insectes et les poissons ont des périodes de **repos** mais ils ne dorment pas du même sommeil que nous. On imagine donc qu'ils ne rêvent pas.

Les oiseaux
font des rêves
qui ne durent
que quelques
secondes.
Les plus gros
rêveurs sont
les **mammifères**
dont nous,
les humains,
faisons partie.

À quoi rêvent-ils ?
Difficile à savoir.
Mais si tu
observes un
chaton endormi,
tu le verras sans
doute s'agiter
comme s'il
chassait ou
faisait sa toilette.
Les animaux
rêvent sûrement
d'**histoires**
d'animaux !

Rêvons-nous toute la nuit ?

Pendant que nous dormons, nous passons par deux sortes de sommeils différents. Et ces changements de sommeils jouent un rôle important dans nos rêves.

Lorsqu'on s'endort, on entre dans le **sommeil lent.** On dit que ce sommeil est lent car à ce moment-là notre cerveau se repose et fonctionne au ralenti. Il ne fabrique presque pas de rêves.

Au bout d'un peu plus d'une heure de sommeil, notre cerveau semble se réveiller alors que notre corps reste immobile. C'est durant ce sommeil, appelé **sommeil paradoxal**, qu'on fait de vrais rêves en images.

Et ces deux sommeils (lent et paradoxal) **alternent** ainsi toute la nuit. En additionnant tous les moments où on est en sommeil paradoxal, on apprend qu'on rêve environ deux heures par nuit.

Peut-on rêver pendant qu'on s'endort ?

Au moment de s'endormir, on a parfois des sensations étranges mais ce ne sont pas des rêves : l'impression de tomber dans le vide ou de ne pas pouvoir bouger son corps. En fait, nos muscles se détendent doucement, ce qui provoque ces sensations.

Se rappelle-t-on de tous ses rêves ?

C'est grâce aux souvenirs de nos rêves que nous savons que nous rêvons ! Mais nous n'avons pas tous la même mémoire des rêves.

Flora étonne beaucoup ses parents : chaque matin, elle leur **raconte** un nouveau rêve, même si souvent, ce n'est qu'un bout de rêve. Son frère, lui, ne se souvient jamais de ses rêves. Et pourtant tout le monde en fait !

Nous faisons plusieurs rêves par nuit. Mais celui dont nous nous souvenons le mieux est souvent celui fait juste avant le **réveil** ou alors le plus impressionnant, qui nous a donné une émotion très forte.

Après le réveil, le souvenir du rêve **s'efface** très vite ! Flora a raison d'en parler tout de suite à ses parents. Noter régulièrement ses rêves dans un cahier est aussi un très bon moyen de s'en rappeler de mieux en mieux.

Peut-on décoder les rêves ?

Les rêves peuvent être très simples (« j'ai rêvé que je jouais au foot »). Mais lorsqu'ils sont bizarres ou complètement idiots en apparence, ils semblent cacher un message, une énigme à résoudre.

Dans l'Antiquité, on croit au **sens caché** des rêves. La Bible raconte qu'un homme a évité la famine en Égypte en décryptant le rêve du pharaon. Les 7 vaches grasses et les 7 vaches maigres vues en rêve par le Pharaon annonçaient 7 années de richesse puis 7 années de famine.

Le rêveur peut trouver ce que veut dire son rêve. Par exemple, un enfant rêve qu'il doit passer un examen de français mais son stylo ne marche pas… L'**explication** de ce rêve est sûrement que le garçon a peur d'échouer à cet examen.

Vers 1900, pour le médecin Sigmund Freud, il est important de comprendre ses rêves car ce sont des messages transmis par notre **inconscient** : c'est cette partie de nous qui garde certaines émotions cachées quand nous sommes éveillés.

Pourquoi je fais souvent le même rêve ?

Ce rêve répété te montre sûrement un problème qui, au fond de toi, te tracasse beaucoup ! Tu rêves souvent de ton petit frère ? Peut-être as-tu peur que tes parents t'aiment moins depuis son arrivée ? Ton rêve peut t'aider à y réfléchir.

Cela se **voit**-il quand je rêve ?

En rêve, nous faisons plein de choses comme marcher, courir, crier... Heureusement, le sommeil est bien fait et on ne vit pas physiquement ses rêves. Sinon nos nuits seraient très agitées !

Pendant que nous rêvons, notre corps est comme paralysé, car nos muscles **se détendent** complètement. Grâce à cela, on ne court pas dans son lit quand on rêve de poursuite.

Parfois, surtout dans les **cauchemars**, on pleure et on hurle. Dans la réalité, les larmes ne coulent pas et les cris qu'on croit lancer à pleins poumons ne s'entendent pas ou à peine, sous forme de gémissement.

En observant très attentivement une personne qui dort, on peut remarquer des petits **mouvements** : ses yeux bougent sous ses paupières et les bouts de ses doigts remuent... Elle est en train de rêver.

Qu'est-ce que le somnambulisme ?

Certaines personnes endormies peuvent parfois ouvrir les yeux, se lever et même marcher ! Ce phénomène étonnant, différent du rêve, s'appelle le somnambulisme. Il n'est pas inquiétant chez les enfants et disparaît normalement en grandissant.

Est-ce que je rêvais quand j'étais bébé ?

De la naissance à l'adolescence, les enfants sont de gros dormeurs. Les bébés ont besoin de beaucoup de sommeil paradoxal (le sommeil des rêves), qui est nécessaire pour leur développement.

Nous dormions déjà dans le ventre de notre maman ! Et des chercheurs ont découvert qu'à la fin de la grossesse, le **fœtus** fait probablement des rêves, composés de sons, de mouvements, d'odeurs.

Jusqu'à 3 mois, un nouveau-né qui s'endort entre dans un **sommeil agité** : on remarque toutes sortes d'expressions sur son visage (sourire, étonnement, dégoût), comme s'il vivait des scènes dans sa tête.

Vers **4 ans**, le sommeil de l'enfant et ses rêves commencent à ressembler vraiment à ceux des adultes. C'est aussi à partir de cet âge qu'il comprend que ses rêves se passent pendant son sommeil et qu'il est capable de les raconter.

Les adultes et les enfants rêvent-ils de la même façon ?

Dans les rêves des enfants, les histoires sont en général moins compliquées, plus faciles à comprendre.
Elles racontent souvent des émotions et des inquiétudes d'enfants, comme la jalousie, la peur d'être abandonné ou de décevoir ses parents.

À quoi **sert**-il de rêver ?

Une des premières questions qu'on se pose sur les rêves, c'est celle de leur utilité ! Et il reste beaucoup de recherches à faire pour savoir si rêver est bon pour notre corps et notre santé.

Tout d'abord, dormir est nécessaire pour vivre ! C'est pendant ton sommeil que ton corps continue sa **croissance.** Et pour tous, adultes et enfants, ce repos permet de se recharger en énergie pour être en forme le lendemain.

Il t'est peut-être arrivé de répéter en rêve une activité faite dans la journée (rollers, danse, piano…) ? D'après les chercheurs, rêver serait un moyen de **mémoriser** ce qu'on a appris au cours des dernières heures. Pratique !

Des études réalisées par des médecins, dont le célèbre docteur Freud, ont montré une autre fonction des rêves : ils permettent de se débarrasser d'**émotions** très fortes qu'on ne montre pas quand on est éveillé.

Un cauchemar, est-ce aussi un rêve ?

Le mot « cauchemar » signifie « marcher sur des fantômes » ! Un nom plutôt bien trouvé pour désigner ce rêve particulier qui nous fait vivre une histoire angoissante.

Leïla est poursuivie par un monstre qui se rapproche d'elle. Sa peur devient si forte qu'elle se réveille le cœur battant. Elle vient de faire un gros **cauchemar** !

Se rendormir après un cauchemar n'est pas facile, avec ces images effrayantes en tête. Les bras de papa ou maman sont alors **réconfortants**. Et on peut aussi se rassurer en se disant que ce n'est qu'un rêve et pas la réalité !

Les enfants font beaucoup de cauchemars, surtout entre 2 et 6 ans. Ils apparaissent souvent à cause d'une **inquiétude** (la rentrée, l'arrivée d'un petit frère…) ou d'un événement pénible de la journée.

Les personnes qui ont vécu une chose terrible (comme un accident) font parfois le même cauchemar où elles **revivent** ce qui leur a fait très peur.

Qu'est-ce que les terreurs nocturnes ?

C'est un phénomène banal et sans gravité chez les enfants de moins de 6 ans. Ce ne sont pas des cauchemars : le dormeur pousse des cris, l'air effrayé. Le laisser se calmer sans le réveiller est la seule chose à faire.

Les rêves se réalisent-ils ?

On raconte que de grands guerriers, comme Alexandre ou Hannibal, étaient sûrs de gagner la guerre parce qu'ils avaient rêvé de leur victoire. Ces rêves qui annoncent l'avenir s'appellent des rêves prémonitoires.

Certaines personnes croient aux rêves **prémonitoires** et d'autres non. Mais rien ne prouve que les rêves se réalisent. Heureusement ! On fait parfois le rêve effrayant qu'une personne qu'on aime meurt et il ne faut pas s'en inquiéter pour autant.

De nombreux scientifiques et inventeurs ont raconté avoir fait une **découverte** grâce à un rêve. L'inventeur Elias Howe a trouvé en rêve la solution pour créer une des premières machines à coudre.

Selon des chercheurs, certains rêves montrent le **futur** pour la raison suivante : au cours du sommeil, le cerveau analyse tous les événements et détails qu'il a enregistrés et il devine ce qui peut arriver.

Un bruit dans la maison peut-il provoquer mon rêve ?

Chaque nuit, quand on passe de l'état éveillé au sommeil, on dit au revoir pour quelques heures au monde qui nous entoure. Tout se passe désormais en nous-mêmes. À moins que...

Comment peut-on voir des images alors qu'on dort les yeux fermés ? Parce que ces images sont produites par le **cerveau** et ne sont pas perçues, comme en état d'éveil, par les yeux.

Un bruit de l'extérieur peut s'inviter dans un rêve et le **modifier.** Un exemple : la sonnerie du téléphone retentit dans la maison et voilà qu'apparaît dans ton rêve un camion de pompiers et sa sirène d'alarme !

L'**état physique** du rêveur peut aussi influencer l'histoire du rêve. Une grosse envie de faire pipi et, en rêve, on cherche des toilettes mais impossible d'en trouver…

Les personnes aveugles voient-elles aussi leurs rêves ?

Un aveugle de naissance ne peut pas voir d'images dans ses rêves car il n'a jamais vu le monde avec ses yeux. Ses rêves sont différents : ils sont formés de mouvements, de sons, d'odeurs.

Dois-je confier mes rêves ?

En Amérique du Nord, les Indiens Mohaves commencent la journée en se racontant leurs rêves. Pour nous, Français, les rêves sont personnels et c'est moins naturel de les partager.

Quand on a envie de parler d'un rêve, on a tendance à le confier plutôt à notre famille ou à des amis proches. Car on sent qu'en faisant cela, on **révèle** des choses sur nous.

Il y a des rêves qu'on préfère garder pour soi. Comme ceux qui nous laissent une **mauvaise impression** au réveil et dont on n'est pas très fier, quand on a rêvé par exemple qu'on faisait du mal à un ami.

À nous de décider de raconter ou non nos rêves. Mais parfois, quand il s'agit d'un terrible cauchemar ou d'un rêve qui se répète, ça peut être rassurant de le raconter à une personne en qui on a **confiance.**

Un rêve peut-il se dessiner ?

Les rêves transforment la réalité et nous emmènent dans des mondes étranges où les aventures les plus incroyables sont possibles…
Ils inspirent beaucoup les artistes !

Alice suit un drôle de lapin blanc jusqu'à un pays merveilleux où les animaux parlent… avant de finalement se réveiller ! L'histoire d'*Alice au pays des merveilles*, écrite par l'écrivain anglais Lewis Caroll, est un des plus célèbres **récits de rêve.**

Au cinéma, le réalisateur Tim Burton (qui a d'ailleurs tourné *Alice au pays des merveilles* en 2010) est connu pour créer dans ses films des **mondes fantastiques** qui ressemblent aux rêves.

Au Moyen Âge et à la Renaissance, les artistes peignent surtout des dormeurs rêvant d’anges. Mais ensuite, des peintres comme Marc Chagall et Salvador Dalí laissent aller leur **imagination** pour représenter le côté étrange des rêves.

Certains rêves donnent naissance à des **créations artistiques**. Ainsi, Paul McCartney, musicien du groupe Les Beatles, a composé sa célèbre chanson *Yesterday* après en avoir entendu la mélodie dans un rêve.

Découvre les autres titres de la collection

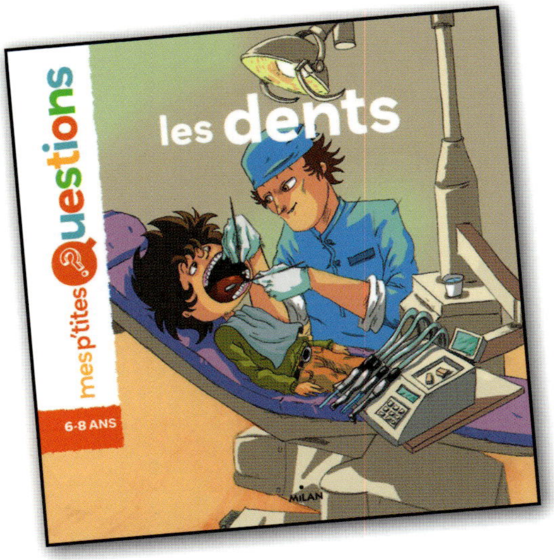

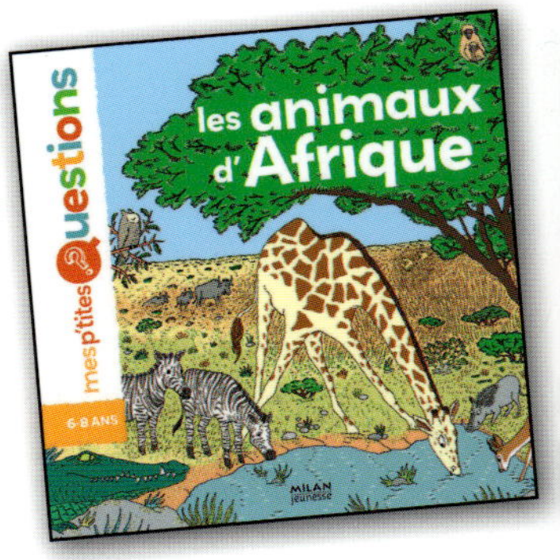

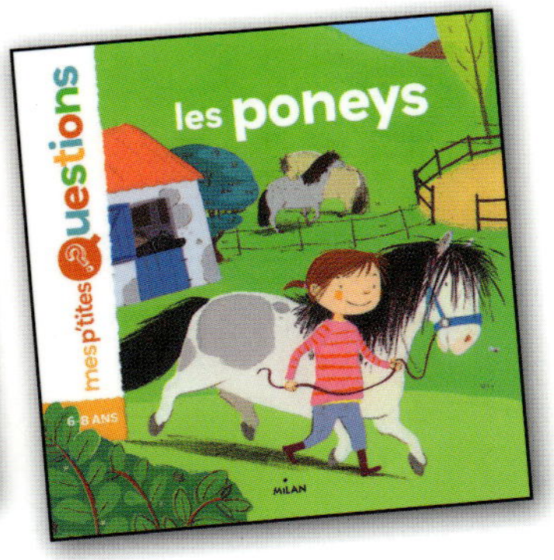

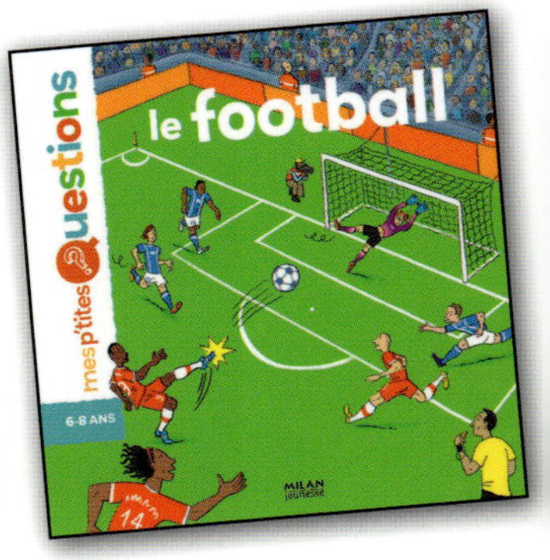